TARÂNTULA TECE-TRAMAS

TARÂNTULA TECE-TRAMAS

ELIANA MACHADO

Ilustrações de Kátia Hoehne

Éditions des Trois Rivages

TARÂNTULA TECE-TRAMAS

ELIANA MACHADO, 2024

Les Éditions des Trois Rivages, 2024

Capas e ilustrações de Kátia Hoehne, Studio Digital, DALL-E3 e Haiper

Diagramação: Eliana Machado

ISBN: 979-10-93731-13-1

Éditions des Trois Rivages

À criança que vive em mim, tecendo sonhos e guiando meus leitores por mundos encantados.

"Remove pedras e planta roseiras e faz doces.

Recomeça.

Faz de tua vida mesquinha um poema.

E viverás no coração dos jovens

e na memória das gerações que hão de vir."

Cora Coralina, *in* **Aninha e suas pedras**

ÍNDICE

página

Capítulo 1:

A Chegada de Arthur ao jardim

Você tem medo de aranhas? É curioso como essas pequenas criaturas podem causar tanto arrepio nos seres humanos. Somente ao ouvir a palavra “aranha”, muitas pessoas já sentem um desconforto instintivo. Mas por que será?

Muitas vezes, o medo das aranhas vem de suas pernas longas, rápidas e peludas, ou das teias brilhantes que elas tecem para aprisionar suas presas. Contudo, essas teias não são apenas assustadoras; elas são verdadeiras obras de arte, com padrões delicados e perfeitos que parecem ter saído de um projeto de arquitetura. Às vezes, o que parece assustador pode se revelar fascinante. Que tal darmos uma olhada mais de perto?

Foi exatamente isso que o garoto Arthur fez. Eis a sua história.

Arthur havia acabado de chegar a uma cidade litorânea onde seus pais alugaram uma casa para passar as férias de verão. Acostumado a viver em um apartamento na cidade, ele estava contente com essa mudança de ambiente. Filho único, frequentemente sentia falta de companhia para interagir, o que o levou a desenvolver uma profunda curiosidade por tudo ao seu redor, especialmente por plantas e insetos. Desde pequeno, encantava-se com o que encontrava na natureza, sempre querendo entender para que serviam as coisas e por que elas eram como eram.

A casa onde passariam o mês era térrea e tinha um grande jardim. Enquanto seus pais se ocupavam com a arrumação do local e o desfazer das malas, Arthur escolheu o quarto que dava para o jardim, acomodou sua mochila e decidiu explorar o exterior da casa.

O jardim era repleto de várias árvores e muitas flores, e na horta havia tomates, abóboras, salsinha, cebolinha, menta e outras plantas que Arthur não conhecia. Nas árvores, ele descobriu casinhas de madeira para os pássaros. Algumas delas apresentavam uma infinidade de pequenas aberturas, que ele descobriria mais tarde serem destinadas às abelhas.

Enquanto Arthur explorava o jardim, ouviu um barulho estranho e repetitivo. Ao olhar para o fundo do quintal vizinho, viu um homem podando arbustos. Parecia alguém que nunca está satisfeito com nada. A cada golpe de tesoura, ele franzia os olhos, examinava longamente a planta e recomeçava, como se o menor defeito o incomodasse profundamente. O homem cortava os galhos com uma expressão carrancuda, seus gestos bruscos e impacientes refletiam uma frustração. Pobres plantas! Era um *tec*, *tec*, *tec* aqui, outro *tec*, *tec*, *tec* ali.

Ao perceber que Arthur o observava através da cerca, o homem ergueu a cabeça e, com um tom resmungão, disse:

— Olá, garoto. Meu nome é Rufino.

— Bom dia, seu Rufino, meu nome é Arthur — disse o menino, tentando ser amigável.

— Bom dia?! O que é que tem de bom? — resmungou Rufino, sem levantar a cabeça, ainda concentrado nas suas plantas.

Arthur achou o vizinho um pouco chato, porém não se importou. Virou as costas e deixou o senhor Rufino resmungando sozinho; nada seria capaz de afetar a empolgação do pequeno explorador diante das maravilhas daquele novo universo..

Em menos de uma hora, Arthur havia observado todo o jardim e ficou encantado com as pequenas flores de dente-de-leão que cresciam no meio da grama. Foi então que percebeu, entre as flores, dezenas de pequenos buracos quase imperceptíveis.

Deitou-se de bruços sobre a grama, tentando observar se havia algum inseto naqueles buracos. Quando uma vespa saiu zunindo apavorada em direção ao seu nariz, assustando-se com a intrusão do garoto, que recuou rapidamente. Foi então que ouviu sua mãe chamando-o para almoçar. Após o almoço, a família foi para a praia, um novo terreno de diversão para ele. Sempre ávido por descobertas, via aquele lugar como uma nova oportunidade de explorar um ambiente diferente. O mar, a areia, as conchas e as pequenas criaturas marinhas estimulavam sua imaginação e alimentavam sua curiosidade insaciável. Para ele, cada lugar era uma oportunidade de aprender mais sobre o mundo, questionar-se e enriquecer seu universo.

No dia seguinte, após o café da manhã, Arthur voltou ao jardim para ver se havia pássaros nas casinhas ou se as abelhas estavam ativas entre as flores. Quando chegou ao final do jardim, entre duas árvores frondosas, viu algo surpreendente: uma enorme teia de aranha, quase do seu tamanho. Ela se estendia de um tronco a outro como um véu tecido no ar. Arthur deu três passos para trás. Ele era uma daquelas pessoas que têm fobia de aranhas. Ficou surpreso, pois a teia não estava ali no dia anterior.

Embora receoso, sentiu-se intrigado. Inicialmente, pensou que a teia estivesse desabitada, já que não havia nenhum inseto preso nela. Reunindo coragem, aproximou-se para observar mais de perto. Admirou a complexidade e a beleza da estrutura. Gotículas de orvalho reluziam como diamantes nos fios delicados, refletindo a luz do sol e criando um espetáculo encantador. De repente, começou a chover e, com as primeiras gotas, Arthur saiu correndo, sabendo que naquele dia já não poderia dar continuidade a sua exploração.

À noite, deitado em sua cama, pensava em voltar no dia seguinte para ver se a aranha estava lá. Então, o sonho o envolveu: ele estava diante da mesma teia, que o sugava e o transportava para um lugar totalmente diferente, um mundo novo e nunca antes imaginado.

Capítulo 2:

Primeiro encontro com a Tarântula Tece-Tramas

Em lugar de ruas asfaltadas e prédios altos, havia uma floresta exuberante e, ao mesmo tempo bem organizada, com pequenas casinhas de formas e cores variadas em uma clareira no centro. Animais entravam e saíam das casinhas como se fossem pessoas. Esquilos brincavam nos galhos das árvores, coelhos dançavam nas clareiras e pássaros coloridos cantavam melodias que enfeitavam o ar. Não havia humanos por ali.

Entre as sombras das árvores e os raios de sol, seres elementais dançavam e brincavam. Fadas pequeninas voavam com asas brilhantes, radiantes de felicidade, enquanto duendes curiosos observavam Arthur de longe, com olhos travessos. Era um reino que exalava magia, lembrando-o dos contos que seus pais liam para ele quando era mais novo.

— Olá, pequeno humano! Seja bem-vindo ao Reino Tarantulesco — disse uma tarântula com uma voz suave e acolhedora. Arthur olhou ao redor, surpreso e ao mesmo tempo assustado. A tarântula era do tamanho de um gato.

— Você... você fala? — perguntou ele.

— E você também, não é incrível? — respondeu a tarântula, rindo e mexendo as pernas.

— Sim, mas de onde eu venho os animais não falam. Estou bastante surpreso — comentou Arthur, ainda confuso.

— Ah, pensei que você estava com medo de mim, porém sou eu que estou surpresa. Talvez você não entenda a linguagem dos animais do seu mundo — disse a tarântula.

— Pode ser, mas os animais não falam como você — insistiu Arthur.

A tarântula sorriu.

— Aqui, todos os seres falam. Alguns falam até além da conta — acrescentou a tarântula, virando-se para o corvo empoleirado em uma árvore. — Meu nome é Tarântula Tece-Tramas. E o seu?

— Eu sou Arthur — respondeu o menino.

— Arthur Corajoso? — perguntou a tarântula.

— Não, só Arthur mesmo.

— Ah, entendo — respondeu a tarântula. — Agora vou te apresentar alguns dos habitantes do Reino Tarantulesco. Aquele saindo do lago é o Pato Palhaço, sempre fazendo travessuras — disse a tarântula.

— Muito prazer, Arthur. Quer ver um truque de mágica? — disse o pato, piscando um olho, dando um mergulho no lago e desaparecendo.

— Enrolada no galho da árvore está a Serpente Sussurrante, que adora um segredinho, uma fofoca — continuou a Tarântula Tece-Tramas.

— Como vai, Arthur? Se quiser ficar por dentro de tudo o que rola ou “se arrasta” neste reino, é só assobiar que eu apareço — disse a serpente, piscando as enormes pestanas.

— E esta é a Tartaruga Lenta. Ela pode não ser rápida, entretanto sempre chega ao seu destino. Além disso, tem ótimos conselhos para dar — explicou a Tarântula Tece-Tramas.

— Prazer em conhecê-lo, Arthur. Com calma e sabedoria vamos longe, não é mesmo? — disse a Tartaruga Lenta.

— E este é o Grilo Falante.

— Puxa, é a primeira vez que vejo um grilo de chapéu! Como vocês são engraçados! Nunca imaginei encontrar um grupo assim — disse Arthur, sorrindo.

— Pois é, Arthur. Somos uma grande família aqui, e cada um tem as suas manias — acrescentou o Grilo Falante.

— E, por fim, deixe-me apresentar nossa princesa, a Libélula Brilhante, que possui a intuição mais aguçada do reino.

— Uau! Você lê o pensamento das pessoas? — perguntou Arthur.

— Na verdade, não exatamente, Arthur. Mas temos uma forma especial de sentir o que está no coração e na mente de cada ser — respondeu a Libélula Brilhante.

De repente, o corvo falou do alto de uma árvore:

— E eu? Não mereço ser apresentado a tão ilustre visitante? — questionou o pássaro em um tom brincalhão.

— Ah, sim, me desculpe. Este é o Corvo Sabichão. Ele é um mestre em sabedoria e pode falar sobre qualquer coisa, até sobre as aventuras do próprio bico — respondeu a Tarântula Tece-Tramas.

— Olá. Isso é brincadeira. Eu só falo quando tenho certeza do que vou dizer — disse o Corvo Sabichão, batendo as asas.

Arthur estava encantado com seus novos amigos. Percebeu que cada um tinha algo especial a oferecer e que, juntos, formavam uma comunidade mágica.

— Então, Arthur — começou a Tarântula Tece-Tramas —, quer aprender mais sobre o nosso reino?

— Sim — respondeu Arthur, sorrindo. — Vamos lá!

O semblante da Tarântula Tece-Tramas mudou subitamente. Seu ar alegre assumiu uma expressão preocupante. Ela acrescentou:

— E talvez até nos ensinar algo do seu lado...

— Você parece preocupada. Está tudo bem? — indagou Arthur.

Capítulo 3: O pacto

— Estamos navegando em águas turbulentas. Algumas áreas do reino parecem estar mudando, mas não quero incomodá-lo com esses detalhes agora.

Arthur achou estranho que a tarântula estivesse tentando amenizar a situação.

Ela olhou para ele com um ar carinhoso e prosseguiu:

— Arthur, vou lhe contar algo: todo mês, alguém de uma parte diferente do universo nos visita para que possamos trocar experiências, fazer novas amizades e passar bons momentos juntos. Desta vez, você foi o escolhido. Seja bem-vindo ao Reino Tarantulesco!

Arthur abriu um grande sorriso.

— Que legal! Mal posso esperar para descobrir tudo sobre vocês. — E, virando-se para o Corvo Sabichão, perguntou: — Tudo isso aqui é um sonho, não é?

— Sim, Arthur, mas um sonho bem real. Pelos sonhos, você passa do seu mundo para o nosso. Isso acontecerá durante seis noites seguidas, que é para a gente se conhecer melhor, trocar informações e se divertir muito. Porém, você não deve revelar a existência do Reino Tarantulesco para ninguém. Pode manter seu bico fechado?

— Claro que sim — concordou Arthur, passando o dedo indicador e o polegar nos lábios, como se estivesse fechando um zíper. — Pode contar comigo.

— Ótimo! Agora que você conhece boa parte da comunidade, vamos começar nossa aventura — disse a Tarântula Tece-Tramas. — Vamos dar uma volta pela Floresta Encantada.

Arthur sentia que estava prestes a viver as seis noites mais incríveis de sua vida, as melhores férias que já tivera.

— Você gosta de doces? — perguntou a Tarântula Tece-Tramas.

— Mais do que uma formiga. Meus pais me chamam de "Formigão" — disse Arthur, rindo.

— Certo, Formigão humano. Reservaremos uma doce visita a um dos bairros do Reino Tarantulesco para amanhã — disse a Tece-Tramas, despedindo-se.

Arthur acordou no dia seguinte com o coração leve, lembrando-se das maravilhas que tinha conhecido na noite anterior.

Passou o dia ansioso, esperando pela noite para retornar ao Reino Tarantulesco. Recolher conchinhas na praia, fazer castelos na areia ou tomar sol observando os barcos de regata eram atividades que já não tinham o mesmo interesse para ele. Finalmente a noite chegou; era hora de dormir e de sonhar.

Capítulo 4:

Visita à Sucrolândia

— Bem-vindo, Arthur! Pronto para a sua segunda visita?

— Estou pronto para a doce visita — respondeu ele, empolgado.

— Hoje nós vamos sobrevoar de balão um dos bairros do nosso reino, a Sucrolândia. Você será acompanhado pelas irmãs Formigas Doceiras.

O balão era enorme e todo feito de seda colorida. Subiram todos e pouco a pouco o balão foi ganhando altitude. Lá de cima a vista do Reino Tarantulesco era incrível. Viam-se as casinhas da cidade e, logo ao lado delas, o bairro da Sucrolândia, onde tudo era feito de doces e guloseimas.

Os rios que serpenteavam pelo terreno com formas suaves e onduladas eram feitos de maria-mole. As nuvens fofas e coloridas eram feitas de algodão-doce, criando um céu açucarado que parecia saído de um sonho. As flores, em vez de pétalas comuns, eram pirulitos gigantes, com suas cores vibrantes e irresistíveis espirais. Os troncos das árvores se erguiam como grandes colunas de pés-de-moleque, robustos e deliciosos, enquanto suas copas eram formadas por quebra-queixos, com suas superfícies quebradiças e crocantes. Sucrolândia era o nome perfeito para um lugar onde a paisagem se compunha de guloseimas.

— Posso tocar nas nuvens e pegar um pedaço de algodão-doce?

— Claro, sirva-se à vontade.

Arthur estendeu a mão e apanhou um pedaço de nuvem de algodão-doce. Era tão suave e leve que derretia na boca com um sabor deliciosamente mágico. Todo lambuzado, ele não conseguia parar de sorrir; estava feliz.

Depois de o garoto se deliciar com o algodão-doce, o balão começou a descer suavemente. As Formigas Doceiras o levaram para mais perto das árvores de pés-de-moleque. Arthur estendeu o braço e roçou a copa de uma dessas árvores. Ele pegou um pedacinho de quebraqueixo que estava no topo, com uma combinação perfeita de crocância e doçura.

O cheiro era ainda mais incrível de perto e Arthur não pôde resistir a saborear cada mordida. Era ainda mais gostoso do que os quebra-queixos feitos pela sua bisavó, Dona Kátia.

— Como vocês criaram este lugar? — perguntou Arthur.

— Segredo de fabricação, Arthur — disseram rindo e em coro as Formigas Doceiras. Uma delas, tirando caramelos de uma bolsa, disse:

— Prove um destes caramelos, nossa última receita. Eles mudam de sabor conforme o humor da pessoa, que se torna alegre e feliz — disse rindo. — Quer experimentar?

Arthur pegou um caramelo e colocou-o na boca. No mesmo instante, sentiu uma explosão de sabores mudando a cada segundo. Uma onda de felicidade o envolveu, intensificando a alegria que ele já sentia, como se o caramelo tivesse revelado faíscas de luz escondidas em seu coração. Finalmente, um sabor delicado de caramelo salgado e baunilha invadiu suas papilas gustativas, deixando-o com uma sensação de calor reconfortante, como uma doce lembrança de infância.

— Uau! Isso é incrível! — exclamou o garoto.

— Ficamos felizes que tenha aprovado nossa receita. Você é o primeiro a prová-la. São os caramelos da felicidade. Você verá: se a pessoa estiver nervosa, o sabor será amargo e depois doce, melhorando o humor dela. Assim, dá para saber o verdadeiro estado emocional da pessoa. E agora a cereja do bolo: os caramelos nunca terminam. Quando você pega um, aparece outro, tomando o lugar daquele que foi consumido. É o encanto dos nossos caramelos. Leve alguns até o seu mundo.

— Mas eu pensei que não pudesse levar nada daqui.

— Ah, a Tarântula Tece-Tramas não precisa ficar sabendo. Será um segredo nosso — disse a Formiga Doceira.

— Obrigado!

E, assim, a magia e a amizade continuavam a tecer suas tramas, enchendo de alegria o coração de Arthur. Que férias maravilhosas!

Enquanto o balão avançava pelo bairro, Arthur percebeu algo estranho ao olhar para baixo. Em certo ponto, a paisagem desaparecera, deixando um vazio no espaço. Ele ergueu os olhos e percebeu que o céu também estava ausente. Era como se a paisagem fosse um quadro, e alguém tivesse apagado toda a pintura do lado direito, deixando aquela parte completamente em branco.

— O que aconteceu? Onde está o resto da cidade? — perguntou Arthur, surpreso.

Capítulo 5:

O desaparecimento do Reino

As Formigas Doceiras trocaram olhares nervosos, claramente desestabilizadas pela observação do garoto. Elas ficaram em maus lençóis, sem saber o que dizer. Finalmente, uma delas tomou a dianteira e respondeu, hesitante:

— Este é um assunto delicado. É melhor você perguntar isso para a Tarântula Tece-Tramas.

Após o passeio pela cidade e a parte doce da viagem, veio a parte menos agradável. Arthur foi procurar a Tarântula Tece-Tramas para perguntar sobre o que havia acontecido com aquela parte do Reino Tarantulesco.

A Tarântula Tece-Tramas suspirou, visivelmente afetada e triste.

— Na verdade, Arthur, o Reino Tarantulesco está desaparecendo. A cada dia, uma parte do reino some, como se estivéssemos sendo borrados do mapa. Pode acontecer em qualquer direção: norte, sul, leste, oeste, e nós não sabemos o motivo. É por isso que você foi convidado. Na verdade, é o nosso pedido de SOS universal, na esperança de que algum visitante possa nos ajudar a resolver esse enigma.

Arthur franziu a testa, pensativo.

— Então foi por isso que vocês me ofereceram doces? — perguntou ele.

A Tarântula Tece-Tramas e todos os animais ao redor baixaram a cabeça, envergonhados, num silêncio sepulcral.

Arthur acrescentou:

— Não era necessário. Bastava terem pedido ajuda.

— Obrigada, Arthur, você é um ser bondoso — disse a Tarântula Tece-Tramas.

— O equilíbrio do Reino Tarantulesco deve ter sido abalado por alguma razão que desconhecemos. Não há acontecimento sem uma causa. Cada ação tem uma reação. É o que meu pai sempre diz. Se algo está desaparecendo, deve haver um motivo para isso.

— Mas o que poderia ser? — perguntou a Tarântula Tece-Tramas.

— O quê? O quê? O quê? — repetiram os animais, um a um.

— É como quando nós, humanos, ficamos doentes — explicou Arthur.

— Doentes? O que é "doentes"? — perguntou o Corvo Sabichão, intrigado com essa palavra.

— Quando bactérias e micróbios atacam nosso corpo de forma massiva, ficamos doentes. E isso é um sintoma de que nosso corpo está lutando contra os intrusos. Se o Reino Tarantulesco está desaparecendo, deve ser um sintoma de que algo errado está acontecendo por aqui.

— Mas nós não ficamos doentes — comentou a Serpente Sussurrante, perplexa.

— Então deve haver outra causa. Algo aqui está provocando esse desaparecimento — concluiu Arthur. — Precisamos encontrar o que está causando isso — disse ele, mais determinado que nunca.

— Como poderíamos descobrir? — perguntou a Tarântula Tece-Tramas, esperançosa.

— Vou pensar e pesquisar — disse Arthur, confiante.

— Lembre-se, Arthur, só lhe restam mais quatro visitas ao Reino Tarantulesco. Se não encontrarmos a solução ao problema antes disso, desapareceremos para sempre.

Capítulo 6:

Buscando respostas

Arthur acordou no dia seguinte com a firme resolução de encontrar a resposta ao sumiço de partes do reino. Faria tudo para salvar aquele mundo mágico. Naquele dia, não foi à praia. Alegou uma dor de cabeça. Seus pais aproveitaram a tarde para fazer compras no supermercado. Arthur passou o dia no computador, incansável em sua busca por respostas para o mistério do Reino Tarantulesco.

Em certo momento, enquanto estava absorvido na leitura, uma frase chamou sua atenção, fazendo *blim, blim, blim* na sua cabeça. A frase dizia: “Um povo sem memória é um povo sem futuro”.

Essa frase ressoou profundamente em Arthur, e ele começou a fazer conexões. Se o Reino Tarantulesco estava perdendo o futuro, talvez fosse por um problema de memória. Talvez algo estivesse afetando a capacidade do reino de se lembrar das próprias histórias e tradições.

Com essa nova perspectiva, Arthur esperou a noite e o sono para se reunir com seus novos amigos e anunciar-lhes o que havia descoberto. Estava ansioso. Ao adormecer, o mesmo ritual: aparecia diante da teia de aranha, porta de entrada para o Reino Tarantulesco.

Capítulo 7:

Unindo forças

Todos os animais já estavam reunidos em um minianfiteatro ao ar livre, esperando pelo visitante humano.

Arthur caminhou até o centro do anfiteatro, sentindo todos os olhares sobre si. Respirou fundo. A Tarântula Tece-Tramas lhe perguntou apressada:

— Trouxe boas novas?

Arthur respirou fundo novamente e disse:

— Amigos, estive pensando sobre o problema do desaparecimento do reino. Lendo e refletindo, encontrei uma frase que me chamou muito a atenção: “Um povo sem memória é um povo sem futuro”. Isso me fez pensar que talvez a resposta ao problema esteja nessa frase. O Reino Tarantulesco talvez esteja desaparecendo porque está sem memória.

Os animais começaram a cochichar entre si, confusos e curiosos.

— O que você quer dizer com isso? — perguntou a Tarântula Tece-Tramas.

— Quero saber sobre suas histórias, tradições, memórias do reino. Vamos começar por algo simples: como e quando foi construída a fábrica de doces? — sugeriu Arthur.

As Formigas Doceiras se entreolharam. Uma delas, a mais velha, falou:

— Parece-me que foi há muito tempo, porém não me lembro exatamente quando. Talvez tenha sido o Pato Palhaço quem ajudou na construção.

O Pato Palhaço sacudiu a cabeça em exagerada atuação, digna de um ator de teatro e respondeu:

— Não, acho que não fui eu, não. Foi a Serpente Sussurrante que teve essa ideia deliciosa, não foi?

A Serpente Sussurrante balançou suas longas pestanas, confusa.

— Eu não tenho nenhuma lembrança dessa iniciativa. É bem possível que a Tartaruga Lenta, com sua vasta experiência e sabedoria acumulada ao longo dos anos, conheça essa parte da história.

A Tartaruga Lenta, com sua voz calma, começou a falar:

— Pois bem, é provável que todos nós tenhamos colocado a mão na massa de uma forma ou de outra, contudo os detalhes estão meio crus na minha memória, como um pão que ainda não fermentou direito. Talvez o Corvo Sabichão, que sempre tem respostas, possa esclarecer.

O Corvo Sabichão, em quem todos confiavam, engasgou-se ao ouvir seu nome. Sentiu-se como leite fervendo na panela, ao ver todos os olhares fixados nele. Olhou para a direita, depois para a esquerda, pigarreou duas ou três vezes, provavelmente tentando ganhar tempo, e, tropeçando nas palavras, gaguejou:

— A verdade é que todos nós esquecemos detalhes importantes. Isso pode estar acontecendo porque nunca paramos para registrar nossa história como ela merece. E, como tudo neste mundo é energia, o esquecimento foi dissolvendo nossa própria realidade, como um tipo de ácido corrosivo.

Novamente, os animais trocaram olhares incertos.

Arthur suspirou, vendo a frustração nas faces dos seus amigos. Então, concluiu:

— Talvez seja isso: por não preservarem suas memórias, estão deletando partes importantes de sua identidade. Precisamos começar a registrar suas histórias e tradições, sem perder nem mais um segundo. Quem sabe assim possamos encontrar uma pista sobre o que está fazendo o reino sumir aos poucos.

A Tarântula Tece-Tramas, visivelmente emocionada, declarou:

— Meu caro Arthur, você está provavelmente certo. De qualquer modo, precisamos recuperar nossas memórias para salvar nosso futuro. Vamos começar a relembrar e a registrar tudo o que pudermos dessas partes do reino que já desapareceram.

Arthur estava na sua terceira visita ao Reino Tarantulesco. Depois de compartilhar sua descoberta sobre a importância da memória coletiva, juntos decidiram organizar uma força-tarefa. Cada grupo de animais seria responsável por recolher e organizar todas as memórias possíveis. Eles se reuniriam novamente para compilar essas histórias em um livro intitulado **Memórias tentaculares e vernaculares do Reino Tarantulesco**, uma ideia de Arthur.

Naquela noite, Arthur voltou ao seu mundo, satisfeito com o progresso que haviam feito. Ele estava ansioso para ver o resultado do esforço coletivo no dia seguinte.

Capítulo 8:

Memórias submersas

Ao retornar ao Reino Tarantulesco, Arthur encontrou todos reunidos no anfiteatro, discutindo animadamente as memórias coletadas. Havia uma atmosfera de entusiasmo e determinação ao escreverem o livro. Enquanto os outros trabalhavam, as irmãs Formigas Doceiras, a Tarântula Tece-Tramas e o Corvo Sabichão passavam de grupo em grupo, ouvindo, completando e supervisionando o trabalho. Eles ajudavam a organizar e escrever as histórias. Essas memórias eram como peças de um quebra-cabeça que, aos poucos, estava sendo montado.

Depois de verificar o andamento dos trabalhos, Arthur, junto com as irmãs Formigas Doceiras, a Tarântula Tece-Tramas e o Corvo Sabichão, subiu no balão para sobrevoar as áreas deletadas. Para surpresa e alegria deles, perceberam que as **Montanhas Alpinas**, a parte mais fria do reino de onde nasciam os rios, haviam reaparecido. Eufóricos, voltaram rapidamente para o centro da cidade com as boas novas.

Arthur compartilhou as notícias com os outros:

— Deu certo! As **Montanhas Alpinas** voltaram! — anunciou Arthur, cheio de entusiasmo. — Precisamos trabalhar mais para recuperar as outras partes que ainda faltam. Parabéns a todos pelo empenho!

O próximo objetivo era trazer de volta o **Mar de Serênia**, onde viviam seres aquáticos como Sereias, Tritões, Hipocampos, Cecaelias e tantos outros seres marinhos.

Além disso, precisavam restaurar uma parte da cidade, onde algumas casas de animais haviam desaparecido, assim como seus moradores.

Com renovada determinação, Arthur e seus amigos começaram a trabalhar na restauração do Mar de Serênia. A equipe de animais do Reino Tarantulesco, agora liderada por Arthur, estava mais unida e engajada que nunca para recuperar a parte do mundo aquático e devolver à vida as casas e seus residentes.

Arthur voltou ao seu mundo, sentindo-se cada vez mais conectado aos seus amigos do Reino Tarantulesco e determinado a ajudá-los a restaurar totalmente seu lar.

Capítulo 9:

A recuperação do Mar de Serência

No dia em que faria a quinta visita, Arthur acordou com um sentimento de urgência. Sabia que cada momento era crucial para salvar o Reino Tarantulesco do esquecimento, e esse pensamento não o deixava. Durante a manhã, embora preocupado, ele acompanhou seus pais à praia, onde passaram um momento agradável. No entanto, uma parte dele permanecia alerta, incapaz de relaxar completamente. À tarde, foram ao cinema assistir a um filme de aventuras.

O desenrolar emocionante da história o envolveu na trama, aliviando momentaneamente a angústia que crescia nele ao pensar no que ocorreria nos dois últimos dias. Conseguiriam ou não salvar o Reino Tarantulesco? Após o cinema, embora sua mente estivesse menos tensa por um instante, a urgência de sua missão voltou à tona. Então, ele se preparou para voltar ao reino, onde todos o esperavam ansiosos para um relatório completo da situação.

A estratégia estava funcionando e o progresso era visível. No anfiteatro ao ar livre, Arthur se dirigiu ao

— Pessoal, estamos quase lá! — exclamou ele, inspirando a plateia. — Precisamos continuar recuperando as memórias para salvar o reino. Hoje, vamos nos concentrar em trazer de volta o Mar de Serênia e a parte da cidade que desapareceu. Devemos nos lembrar de tudo sobre esses lugares. Vamos continuar!

Os grupos foram rapidamente reorganizados, cada um com uma tarefa específica e com renovada determinação. Alguns coletaram histórias e memórias sobre o Mar de Serênia, enquanto outros se concentraram na parte da cidade que havia sumido. As lembranças começaram a fluir, desde histórias antigas de aventuras no mar até eventos marcantes da cidade.

No final do dia, Arthur e seus amigos subiram novamente no balão para verificar o progresso. Para sua alegria, avistaram as águas brilhantes do Mar de Serênia reaparecendo lentamente, junto com os seres aquáticos que ali viviam. As Sereias e os Tritões acenavam para eles das ondas, enquanto os Hipocampos e as Cecaelias nadavam alegremente.

Voltaram ao centro da cidade e compartilharam as boas novas com todos:

— Conseguimos! O Mar de Serênia voltou! — gritou Arthur, visivelmente emocionado. — Agora precisamos concentrar todos os nossos esforços na área que desapareceu. Continuem lembrando e registrando tudo!

Arthur retornou para a sua dimensão com o coração esperançoso. Ele sabia que a noite seguinte, a última, seria decisiva. Dormiu com um sorriso no rosto, ansioso para ver o resultado dos esforços de todos.

Capítulo 10:

Restauração da cidade perdida

Na sexta noite, Arthur retornou ao Reino Tarantulesco. Ele se reuniu com todos os seus amigos. A expectativa era palpável. Eles aguardavam o momento de verificar se o trabalho árduo havia dado frutos.

Subiram no balão para sobrevoar as áreas vazias. Para alegria de todos, não apenas as casinhas da cidade reapareceram, mas também todos os seus moradores.

As casinhas estavam novamente no lugar, como se nada tivesse acontecido. Tudo foi restaurado. Lá embaixo, os habitantes acenavam alegremente, vibrando com a recuperação de suas vidas. O reino voltou ao normal. O ambiente era de celebração. Eles se dirigiram rapidamente para o centro da cidade com as boas novas. Chegando lá, como era de costume, reuniram-se no anfiteatro. A cidade desaparecida havia sido recuperada e o livro **Memórias tentaculares e vernaculares do Reino Tarantulesco** estava concluído. A partir de agora, escreveriam muitos outros volumes.

A Tarântula Tece-Tramas subiu ao palco e anunciou com um sorriso orgulhoso e aliviado:

— O Reino Tarantulesco foi completamente restaurado e revigorado! Formamos um excelente time. O livro está pronto, e podemos dizer que vencemos a batalha contra o esquecimento. Baixamos um decreto: uma vez por mês nos reuniremos aqui mesmo para continuar a escrita das nossas memórias, para assim honrá-las e preservá-las. Muitos livros virão após esse primeiro volume de **Memórias tentaculares e vernaculares do Reino Tarantulesco**.

O público aplaudiu. Arthur foi chamado a subir ao palco, e a Tarântula Tece-Tramas, em um tom solene, disse:

— Arthur, você fez mais do que imaginávamos ser possível. Sua coragem e determinação salvaram nosso reino da sombra do esquecimento. Estamos eternamente gratos. Em nome de todos os habitantes do Reino

Tarantulesco, agradecemos por trazer de volta nossa história e nossas vidas.

Você será sempre um herói em nossos corações. Batizamos este anfiteatro em sua memória; a partir de agora se chamará Anfiteatro Arthur Corajoso.

Após cortar as fitas da inauguração, Arthur foi chamado de lado pela Tarântula Tece-Tramas.

— Arthur, você sempre será bem-vindo ao nosso reino. Enquanto houver pessoas que acreditam na magia e nesses reinos fantásticos espalhados pelos quatro cantos do universo, eles continuarão a existir. A memória que você ajudou a preservar é vital. Nossa história, nossos sonhos e nossas tradições precisam ser mantidos vivos. É fundamental que você perpetue essa memória em seu mundo também.

Arthur sorriu e agradeceu:

— Eu queria dizer que aprendi muito com vocês nestes dias e me sinto muito honrado. Vou fazer o meu melhor para manter viva a memória dos contos de fadas e desses reinos mágicos. É uma promessa que faço com todo o meu ser.

— Um abraço de adeus, por favor. Já não tem medo de aranhas, não é? — disse a Tarântula Tece-Tramas, começando a rir, agitando freneticamente as suas pernas com alegria, enquanto abraçava Arthur.

Arthur se despediu de seus amigos e voltou para casa.

Capítulo 11

Epílogo: O Retorno ao Mundo Real

Quando a manhã chegou e Arthur despertou em seu mundo, ele se sentiu realizado. As experiências vividas e as lições aprendidas no Reino Tarantulesco permaneceriam com ele para sempre. Embora a magia e as aventuras fossem agora parte de seu passado, de suas memórias, sabia que havia feito uma diferença significativa na história daquele reino.

Arthur olhou pela janela e viu o jardim. Saiu para observá-lo. Aproximou-se das árvores onde havia visto a teia, que já não estava mais lá. Então, ouviu um *tec, tec, tec*. Do outro lado da cerca, viu Rufino podando as plantas. Arthur lembrou-se dos caramelos que havia ganhado das Formigas Doceiras. Colocou a mão no bolso para verificar se a magia havia passado do Reino Tarantulesco ao mundo real. E, para a alegria do garoto, sim, os caramelos estavam lá. Decidiu oferecer um ao vizinho.

— Bom dia, seu Rufino. Quer um caramelo?

— Está querendo me adoçar por quê, garoto?

— Não, senhor. Esses caramelos são mágicos.

— Claro, e eu sou o Homem de Lata, do **Mágico de Oz**.

— Quer um de morango ou de limão?

— OK. De morango então. De limão, basta a vida.

Rufino pegou o caramelo e o colocou na boca, esperando o sabor doce. De repente, fez uma careta:

— Mas... eu pedi o de morango! Este está ácido demais!

Arthur não conseguiu segurar o riso, lembrando-se do que as Formigas Doceiras tinham dito.

— Eu disse que os caramelos eram mágicos. Eles mudam de sabor conforme o humor da pessoa, e ela vai ficando feliz. Acho que o senhor está um pouco irritado hoje.

Rufino, um pouco desconcertado, começou a rir também.

— Talvez você esteja certo, garoto. Obrigado pelo caramelo. Espere um pouco, vou cortar umas margaridas para você.

— Não, obrigado, seu Rufino. Eu acho as flores mais bonitas quando estão no pé. Elas podem dançar com o vento e servir de alimento às abelhas.

Arthur percebeu que a magia do Reino Tarantulesco estava, de alguma forma, presente no mundo real. Ele se despediu de Rufino, todo satisfeito.

Seguiu seu caminho, sentindo que sua missão estava apenas começando. Enquanto houvesse imaginação e memórias para preservar, o Reino Tarantulesco estaria seguro. E, de vez em quando, ele ainda teria os caramelos mágicos para trazer um pouco de diversão e melhorar o humor das pessoas ao seu redor.

FIM

PARA COLORIR: ARTE PARA AS CRIANÇAS

Agora é a sua vez!

Estas páginas estão esperando pelo seu talento! Pegue seus lápis, giz de cera ou canetinhas e dê vida aos personagens e às cenas do **Reino Tarantulesco**. Use toda a sua criatividade, crie novas cores e transforme esta história em algo único e só seu!

Eliana Machado nasceu no Brasil e reside na França desde 1994. Reconhecida internacionalmente, é poeta, haicaísta, escritora, editora, tradutora, artista visual e doutora em línguas e literaturas. Escritora trilíngue, escreve naturalmente em português, espanhol e francês, explorando a riqueza literária e cultural dessas língua em suas obras.

Desde 1997, ensina espanhol no prestigioso Principado de Mônaco, onde combina seu amor pelo ensino com a criatividade e a promoção de tradições e culturas.

Ao longo de sua carreira, conquistou importantes prêmios no cenário cultural internacional. Entre eles, destacam-se o **Prêmio de Melhor Romance** "Talentos Helvéticos Brasileiros III" (2017, Suíça), por seu romance de ficção científica **Brasil: aventura interior**; o **Prêmio de Excelência Literária**, concedido em 2016 pela União Hispano-Mundial de Escritores (UHE); e o **Prêmio de Melhor Autor Estrangeiro** da União da Imprensa Francófona (UPF) de Mônaco, em 2014, durante o III Encontro Literário Fabian Boisson (<https://urlr.me/KRv2b>).

Eliana Machado é uma voz influente na literatura contemporânea, transpondo fronteiras linguísticas e culturais com suas obras que celebram a força da linguagem e a riqueza da experiência humana.

Publicações:

Poesia:

•**Divine Parodie**, (França, Éditions des Trois Rivages, 2024, Machado, Eliana, "ed.")
•**Murmures de l'oracle** (França, Éditions des Trois Rivages, 2024, Machado, Eliana, "ed.")
•**À Queima-roupa** (Brasil, RG Editores, 2016, prólogo de Carlos G. Chalén)
•**Hommage poétique à César Vallejo / Homenaje poético a César Vallejo** (França, Les Éditions des Trois Rivages, 2015, Machado, Eliana, "ed.")
•**Succès intimes** (Les Éditions des Trois Rivages, 2013 e 2023, Machado, Eliana, "ed.")
•**Locus brasilis** (Peru, ed. Mesa Redonda, 2012, prólogo de Raúl Zurita)
•**Blanco en el blanco** (Brasil, Scortecci, 2010, prólogo de José A. Mazzotti)

Prosa:

•**Arthur et le Royaume Tarentulesque** (conto fantástico juvenil, no prelo, França, 2024)
•**Le Phare de Carteret,** (conto fantástico, no prelo, França, 2024)
•**Brésil: aventure intérieure**, romance de ficção científica (França, Les Éditions des Trois Rivages, 2024)
•**Alétheia: uma viagem no tempo**, romance de ficção científica (Brasil, RG Editores, 2022 e França, 2024)
•**Os Abelhudos: cuidadores do Universo**, romance de ficção científica (Estados Unidos, Underline Publishing, 2022)

•**Los Elegidos**, romance de ficção científica (Espanha, éd. Terra Ignota, 2021)
•**Brasil: aventura interior**, romance de ficção científica (Peru, éd. Mesa Redonda, 2017 e Brasil, éd. Scortecci, 2016)
•**Sete contos brasileiros** (Brasil, Scortecci, 2016)
•**Siete cuentos brasileños / Seven Brazilian short tales**, edição bilíngue espanhol-inglês (Estados Unidos, Ovejita de Papel, 2015, prólogo de Juan Navidad)

<u>Traduções:</u>

Do espanhol para o francês:
•José Antonio Mazzotti:
•**Nawa, Isko Iki, chants amazoniens (Nawa Isko Iki, cantos amazónicos)**, L'Harmattan, Paris, 2024.
Do português para o espanhol:
•Eliana Machado:
•**Los Elegidos (Brasil: aventura interior)**, Terra Ignota, Barcelona, 2021.
Do português para o francês:
•Tradução individual:
•**Arthur et le Royaume Tarentulesque** (**Tarântula Tece-Tramas**, no prelo, França, 2024).
•Em co-tradução com Vitalie Lemerre:
•Eliana Machado:
•**Brésil: aventure intérieure (Brasil: aventura interior)**, Les Éditions des Trois Rivages, Nice, 2024.
•Patrícia Melo:
•**Gog Magog (Gog Magog)**, Éditions Actes Sud, 2021.
•**Feu-follet (Fogo-fátuo)**, Éditions Actes Sud, 2017.
•Luiz Alfredo Garcia-Roza:

•Une Fenêtre à Copacabana (Uma Janela em Copacabana), Éditions Actes Sud, 2008.
•Joyeux anniversaire, Gabriel (Vento Sudoeste), Éditions Actes Sud, 2006.
•Objets Trouvés (Achados e Perdidos), Éditions Actes Sud, 2005.
•Le Silence de la pluie (O Silêncio da chuva), Éditions Actes Sud, 2004.

Audiocontos em espanhol, francês e português:

YouTube:
https://www.youtube.com/@escritoraelianamachad05870

- **A União faz a ponte**
- **Besouro Hércules**
- **Curupira**
- **Duas cabeças**
- **El Cofre amarillo**
- **Formigas aladas**
- **Janela movediça**
- **Maritacas**
- **Nephila Maculata**
- **O Fantasma de Carnac**
- **O Quinto elemento**
- **Prisma**
- **Quarto 145**
- **Rex, le poisson-saurien**
- **Sobrosso**

Poesias declamadas em Youtube:

- **Pingos de poesia:** <https://www.youtube.com/watch?v=833Z4Af1tYo>
- **Fablema: Flor del Fango**: <https://youtu.be/f-gSDw7QhkI>
- **Fablème: Un Train de vie nommé désir**: <https://youtu.be/TAkvav2n48U>
- **Fablème: La Flâneuse**: <https://youtu.be/d19IcnnqF5o>
- **Fablème: Le Bal des vampires**: <https://youtu.be/ChwG99NRej8>
- **Fablème: L 'Auberge du monde**: <https://urlz.fr/qn9k>
- **Fablème: Va-t-en guerre seul !**: <https://urlz.fr/q5FD>
- **Fablema: Em preto e branco**: <https://urlz.fr/qn9g>
- **Fablema: O Baile dos vampiros**: <https://youtu.be/LmU6J_dBCiU>
- **Je suis celui**: <https://urlz.fr/q5Fz>
- **Gaia**: <https://urlz.fr/q5FK>
- **Pitaya**: < https://urlz.fr/q5FM>

Obra didática:

• **Dictionnaire français-espagnol de l'hôtellerie-restauration**, Les Éditions des Trois Rivages, Nice, 2021, 402 páginas. <https://urlz.fr/iRj6>

Exposições de pintura e capas de livros e revistas:

• Exposição Coletiva, Londres, Espacio Gallery, **ARTISTS FOR PEACE – STOP THE WAR!**- 19-24 July 2022.

• Grasse: Atelier 27, Exposition Individuelle «**Alter Ego**».
<https://www.facebook.com/events/434373874787603/>

• Château Soliès-Pont, Exposição Coletiva « **L'image, la présence et le nom** ».
<https://www.ville-sollies-pont.fr/ftp/evenements/463/Prog_potes.pdf>

• Capa: **Revista Subversa**, Peinture «**Medusa**».
<https://issuu.com/revistasubversa/docs/trimestraljunhofinal_vers_o_final_>

• Capa: **Coros Mestizos del Inca Garcilazo, Resonancias Andinas**, de José Antonio Mazzotti, éd. Horizonte, Pérou, 2023. Peinture « **Inca** ».
<https://urlz.fr/nmgl>

Algumas obras picturais:

•<https://acfa.io/artiste/elianamachado>
•Ilustração de livro: de José A. Mazzotti, **Murmullos del Delfín Koshoshka, Antología mínima**, Ediciones Némesis, Pérou, 2023, 18 illustrations.

Redes sociais:

Email: <meugema@hotmail.com>
Facebook: Escritora Eliana Machado:
<https://www.facebook.com/eliana.machado.146069/>
Instagram:
<https://www.instagram.com/escritoramachado/>
Youtube:
<https://www.youtube.com/@escritoraelianamachado5870>
Wikipedia:
<https://pt.wikipedia.org/wiki/Eliana_Machado>

Eliana Machado
Blanco en el Blanco

Eliana Machado
Locus Brasilis

SUCCÈS INTIMES
ELIANA MACHADO

Siete cuentos brasileños
Seven Brazilian Short Tales
Eliana Machado

SETE CONTOS BRASILEIROS
ELIANA MACHADO

MACHADO

Hommage poétique à César Vallejo
Homenaje poético a César Vallejo

ELIANA MACHADO
BRASIL:
AVENTURA INTERIOR

ELIANA MACHADO
BRASIL
AVENTURA INTERIOR

LOS
ELEGIDOS
Eliana Machado

Eliana Machado
ALÉTHEIA:
Uma viagem no tempo

ELIANA MACHADO
OS
ABELHUDOS
CUIDADORES DO UNIVERSO

Dictionnaire
FRANÇAIS-ESPAGNOL
HÔTELLERIE-RESTAURATION

MURMURES
DE
L'ORACLE
Eliana Machado

ALÉTHEIA
UMA VIAGEM NO TEMPO
ELIANA MACHADO

Divine
Parodie
ELIANA
MACHADO

Dezembro de 2024

Éditions des Trois Rivages

ISBN: 979---10-93-731--

9 791093 731131

Printed in France by Amazon
Brétigny-sur-Orge, FR

26322444R00071